BOMBEIRO FIREMAN BOMBERO

ATOR ACTOR ACTOR

CARTEIRO MAILMAN CARTERO

JARDINEIRO GARDENER JARDINERO

PINTOR PAINTER PINTOR

ARTISTA ARTIST ARTISTA

MÚSICO MUSICIAN MÚSICO

CIENTISTA SCIENTIST CIENTÍFICO

ADVOGADO LAWYER ABOGADO

CONSTRUTOR BUILDER CONSTRUCTOR

VAQUEIRO COWBOY VAQUERO

SOLDADO SOLDIER SOLDADO

JORNALISTA JOURNALIST PERIODISTA

PALHAÇO CLOWN PAYASO

PESCADOR FISHERMAN PESCADOR

MORDOMO BUTLER MAYORDOMO

ARQUEÓLOGO ARCHAELOGIST ARQUEÓLOGO

ATLETA ATHLETE ATLETA

GUARDA TRAFFIC WARDEN GUARDIA

DANÇARINA DANCER BAILARINA

COSTUREIRA SEAMSTRESS COSTURERA

ENGENHEIRO ENGINEER INGENIERO

CONTADOR ACCOUNTANT CONTABLE

BALCONISTA SALESPERSON DEPENDIENTE

GARÇOM WAITER MESERO

SECRETÁRIA SECRETARY SECRETARIA

EMPRESÁRIO EMTREPRENEUR EMPRESARIO

FAXINEIRA CLEANER SIRVIENTA

PEDREIRO BRICKLAYER ALBAÑIL

ASTRONAUTA ASTRONAUT ASTRONAUTA

VETERINÁRIO VETERINARY VETERINARIO

COZINHEIRO COOK COCINERO